Niamh agus Ruairí

Naíonáin Shóisearacha

Clár

Mé féin 1	beannú agus lámha	1
Ar scoil	mála scoile	2-3
Sa bhaile 1	mo chlann	4
	mo theach	5
Ócáidí speisialta 1	Oíche Shamhna	6-7
Bia 1	an bosca lóin	8-9
An aimsir 1	tá sé fuar	10-11
Caitheamh aimsire	bosca bréagán	12-13
	liathróid agus carr	14
Ócáidí speisialta 2	bréagáin Nollag	15
	An Nollaig	16-17
An aimsir 2	sneachta	18-19
Ócáidí speisialta 3	breithlá	20-23
Sa bhaile 2	madra agus cat	24
	peataí	25
Siopadóireacht 1	siopa bia	26
	an siopadóir	27
Ócáidí speisialta 4	Lá 'le Pádraig	28-29
Mé féin 2	mo chorp	30
	Ruairí	31
Ócáidí speisialta 5	An Cháisc	32-33
Éadaí 2	éadaí deasa	34
	éadaí Niamh	35
Siopadóireacht 2	siopa éadaí	36-37
Bia 2	an dinnéar	38
	is maith liom	39
An teilifís	is maith liom	40-43
Dráma	Cochaillín Dearg	44-45
	Slán abhaile	46

Mé féin 1 *beannú agus lámha*

Ar scoil *mála scoile*

Ar scoil *mála scoile*

Sa bhaile 1 *mo chlann*

Sa bhaile 1   *mo theach*

Ócáidí speisialta 1

Oíche Shamhna

Bia 1   *an bosca lóin*

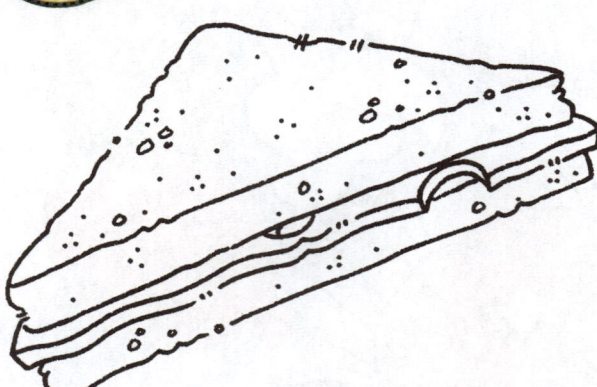
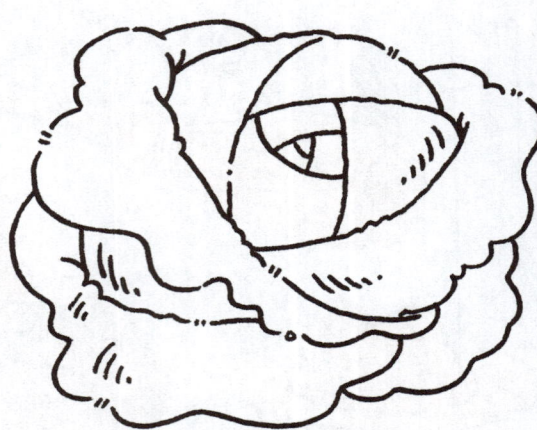

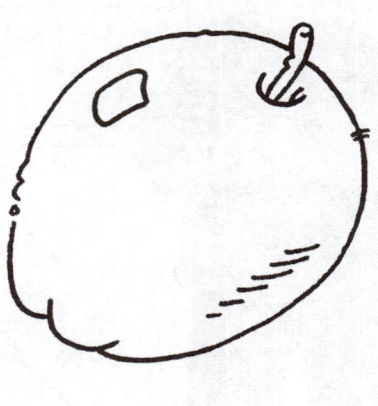

Bia 1 *an bosca lóin*

An aimsir 1

tá sé fuar

Caitheamh aimsire

bosca bréagán

Caitheamh aimsire *liathróid agus carr*

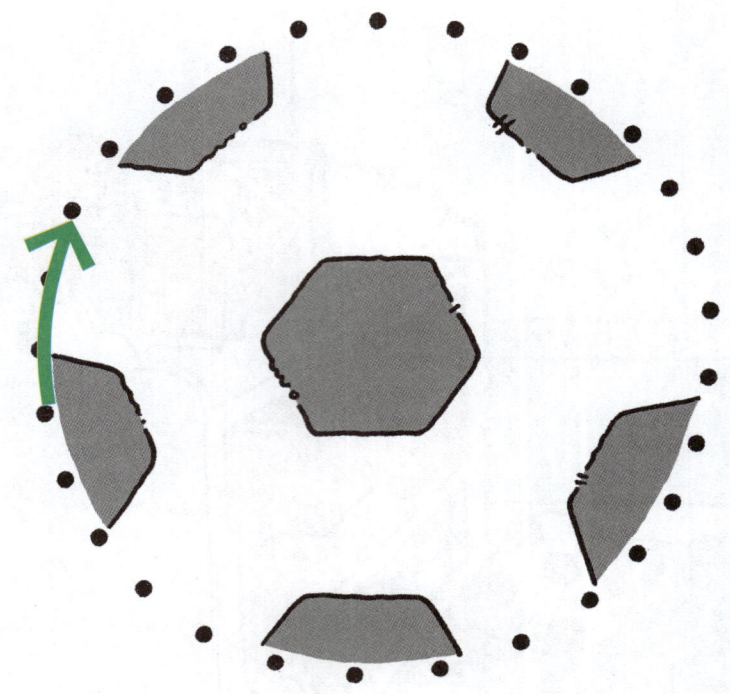
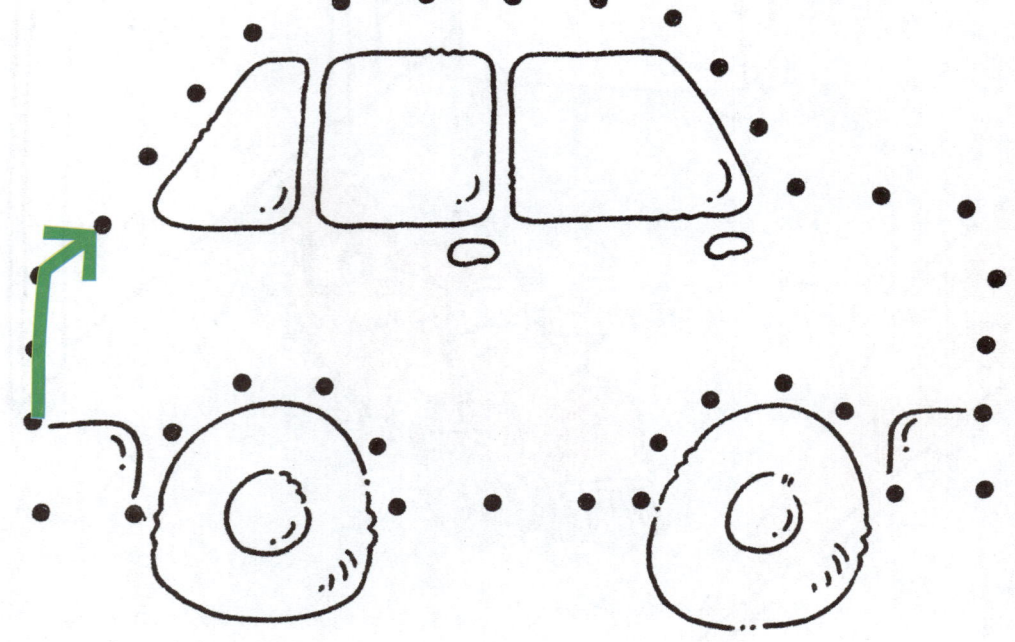

Ócáidí speisialta 2 *bréagáin Nollag*

Ócáidí speisialta 2

An Nollaig

An aimsir 2

18

sneachta

Ócáidí speisialta 3 *breithlá*

Ócáidí speisialta 3   *breithlá*

Ócáidí speisialta 3

breithlá

23

Sa bhaile 2 *madra agus cat*

Sa bhaile 2 *peataí*

Siopadóireacht 1 *siopa bia*

Siopadóireacht 1 *an siopadóir*

Ócáidí speisialta 4

28

Lá 'le Pádraig

Mé féin 2 *mo chorp*

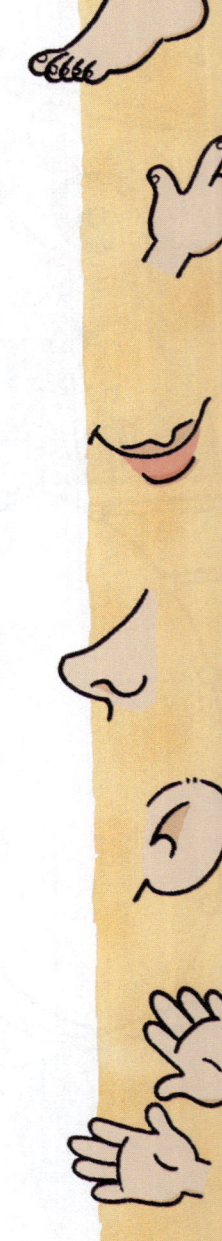
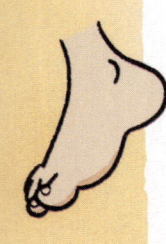

Mé féin 2   *Ruairí*

Ócáidí speisialta 5

An Cháisc

Éadaí 2 *éadaí deasa*

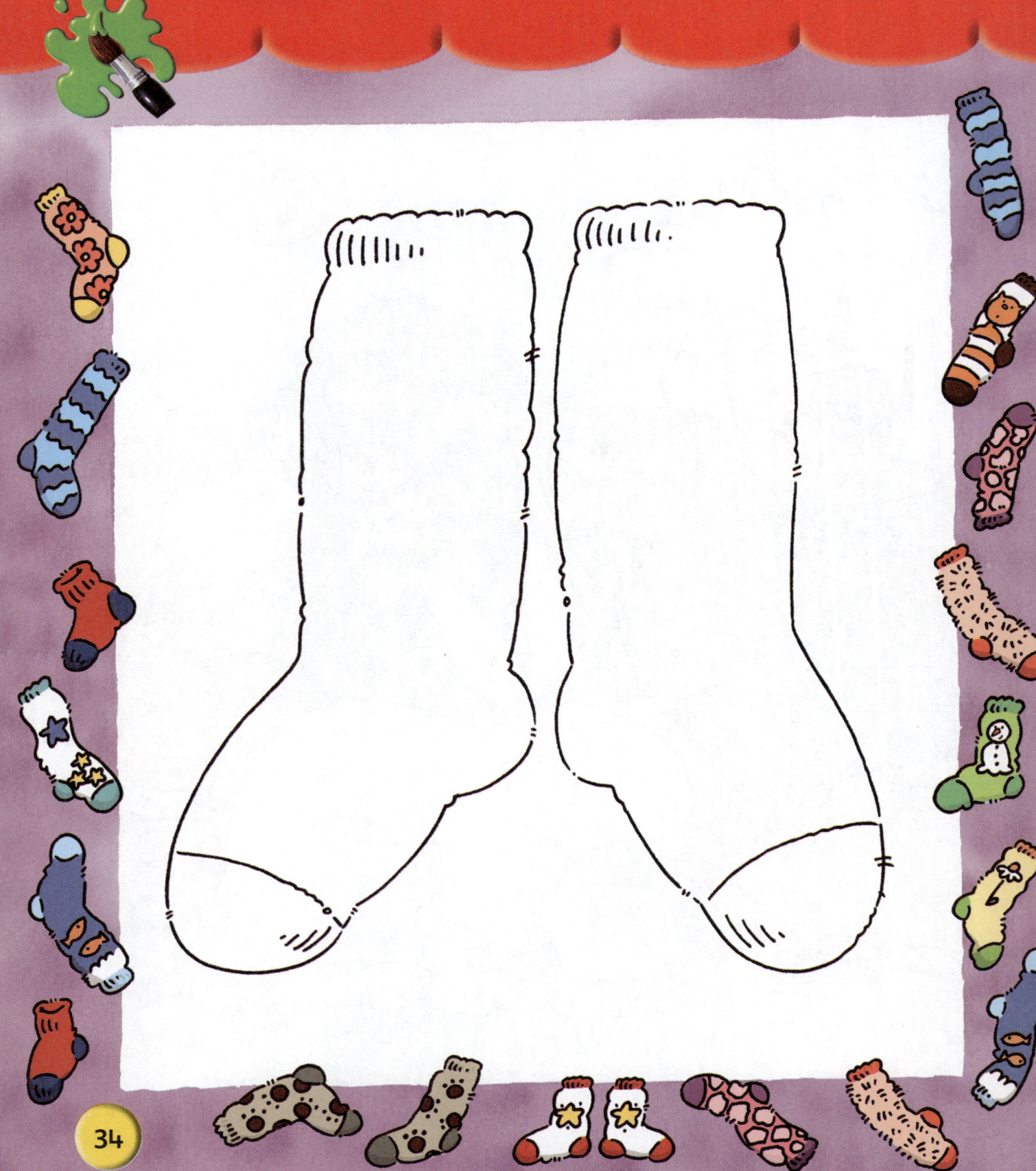

Éadaí 2   *éadaí Niamh*

Siopadóireacht 2 *siopa éadaí*

Siopadóireacht 2   *siopa éadaí*

Bia 2 *an dinnéar*

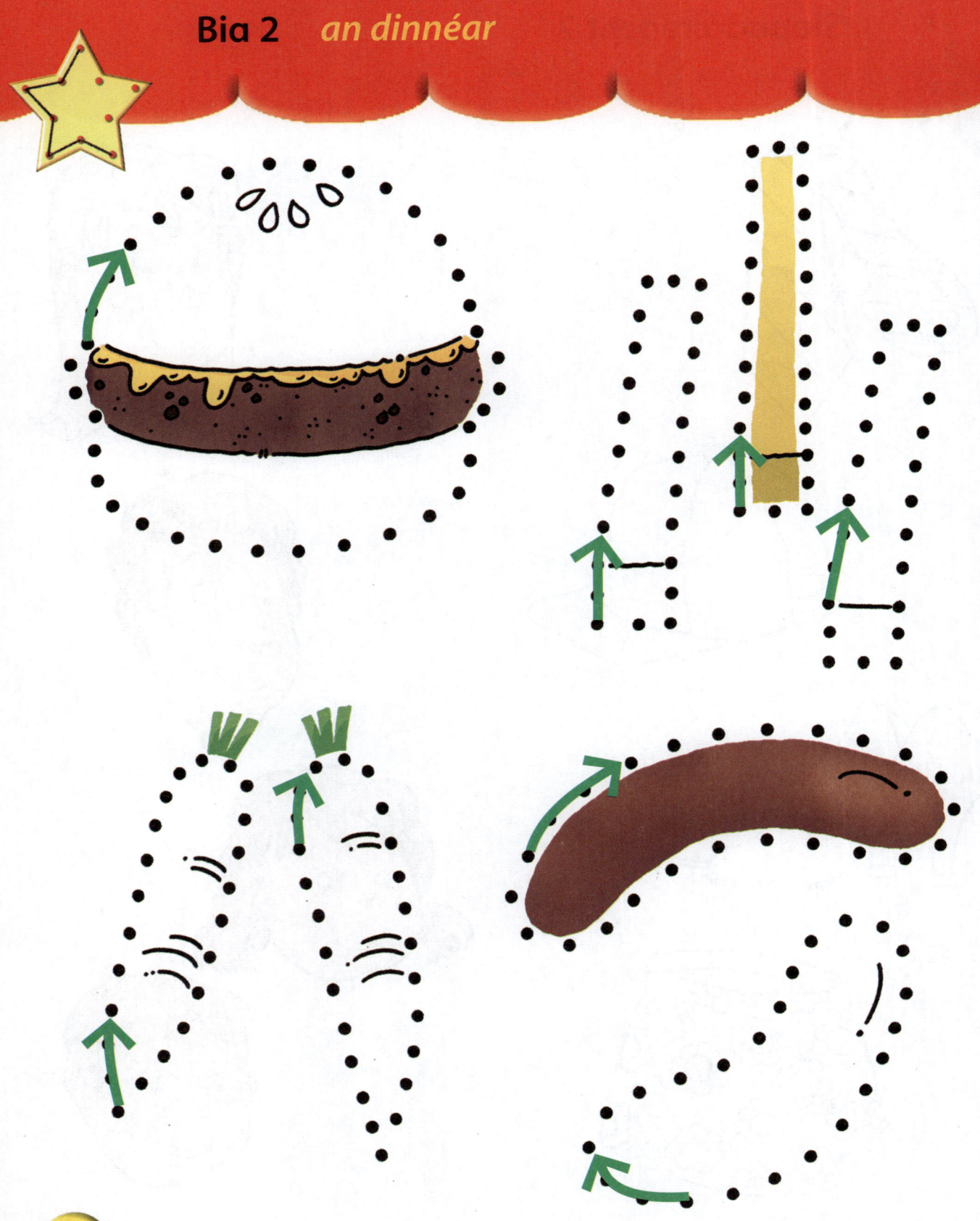

38

Bia 2 *is maith liom*

An teilifís *is maith liom*

An teilifís *is maith liom*

An teilifís

43

Dráma

Cochaillín Dearg

Slán abhaile